Sternstunden

Sternstunden

Geschichten und Gebete für eine gute Nacht

mit Illustrationen von Sandra Beer

DEUTSCHE BIBEL GESELLSCHAFT

edition chrismon

Tag und Nacht –

Vorwort

der Grundrhythmus der Schöpfung.

Von Beginn an. Ein Rhythmus, der alles Leben bestimmt. Die Nacht hat dabei seit jeher etwas Faszinierendes. Die dunkle Schwester des Tages bringt Entscheidungen und Gespräche, die man bei Tag so intensiv nie führen würde. Sie inspiriert zu Liebes- und Abschiedsbriefen, zu Kreativität, zu Traumabenteuern. Auch Gott ist nachtaktiv: Die Bibel erzählt viele Geschichten, in denen Menschen in der Nacht Gott begegnen. Abraham erhält in einer schlaflosen Nacht die Verheißung einer Nachkommenschaft so zahlreich wie die Sterne am Himmel, Jakob träumt von der Himmelsleiter, und einige Zeit später kämpft er nachts mit Gott und erringt dessen Segen. Eines Nachts kommt schließlich Gott selbst als kleines, unschuldiges Baby in unsere Welt und verändert damit alles, der Beginn einer neuen Zeitrechnung.

Vielleicht öffnet die besondere nächtliche Stimmung die Herzen der Menschen für Gott. Denn sie legt sich wie ein Tuch über die Regeln des Tages, die Gesetze der Realität. In unseren Träumen können wir fliegen, über uns hinauswachsen, uns verlieben und Dinge sehen, die wir mit dem wachen Blick der Vernunft nicht wahrnehmen können. Ganz nebenbei schenkt uns die Nacht etwas Lebensnotwendiges, den Schlaf. Ganz klar: Wir brauchen die Nacht – und gleichzeitig fürchten wir sie manchmal. Wenn das Gedankenkarussell abends nicht stillstehen will, wenn Sorgen uns den Schlaf rauben. Dass wir die Nacht zum Tag machen, ist sicher ein Grund der Rastlosigkeit. Die Lichtmenge, die wir Menschen ausstrahlen, verdoppelt sich alle elf Jahre. Wir bekämpfen das Dunkel, um noch weiter zu arbeiten, zu grübeln, zu hetzen.

„Die Nacht, in der das Fürchten wohnt, hat auch die Sterne und den Mond", dichtete einst Mascha Kaléko. Wann haben Sie zuletzt abends in den Sternenhimmel geschaut? Nicht mal schnell auf dem Heimweg, sondern mit Muße. Vielleicht ist es an der Zeit, das Karussell mal anzuhalten und abends auszusteigen. Den Tag loszulassen, den Blick zu den Sternen zu heben, das Staunen wieder zu lernen – und danach an einem Wohlfühlort in diesem Buch zu lesen. Es versammelt eine Auswahl von Geschichten, Gedanken und Gebeten aus Bibel, Literatur und christlicher Tradition, die sich mit der besonderen Stimmung der Nacht beschäftigen. Eine Stimmung, die uns zwischen Abendrot und Morgenstern echte Sternstunden schenken kann.

Und Gott machte zwei große Lichter:
ein großes Licht, das den Tag regiere,
und ein kleines Licht, das die Nacht regiere,
dazu auch die Sterne.
Und Gott setzte sie an die Feste des Himmels,
dass sie schienen auf die Erde.

1. Mose 1,16–17

Stille ist nicht nur
die Abwesenheit von Lärm, sondern ein Schweigen,
das dem Menschen Augen und Ohren öffnet
für eine andere Welt.

SERGE POLIAKOFF

Engel der Stille

Der Rasenmäher hier
heult schon seit viertel vier.
Ein Radio dröhnt, ein Handy piept,
oh Engel, der die Stille liebt,
ich sehne mich nach dir!

Sirenen von weit her
und dann die Feuerwehr,
das Baby brüllt, ein Zlatko singt,
oh Engel, der die Stille bringt,
ich brauche dich so sehr!

Ob Supermarkt, ob Zoo,
Musik auf jedem Klo.
Im Fahrstuhl dudelt's Tag und Nacht,
oh Engel, der die Stille macht,
ich werde nicht mehr froh!

Ein LKW rangiert,
ein Dackel wird dressiert.
Der bellt, der winselt, kläfft und blafft,
oh Engel, der die Stille schafft,
wo hast du dich verirrt?

Du schließt die Tür.
Du kommst zu mir.
Du breitest deine Flügel aus,
und langsam wird es still im Haus.
Ich danke dir!

GERHARD SCHÖNE

Die Nacht ist die Königin der Schatten.

AUS DEM SENEGAL

Kuddelmuddel-Stuhl

Zwei Unterhosen, vier T-Shirts, exakt drei Socken und der fusselige Schal, den ich seit letztem Winter suche. Ich bin baff, was in dem Klamottenberg zum Vorschein kommt. Darunter, kaum noch zu erkennen: mein Kuddelmuddel-Stuhl. Eigentlich bin ich ein ordentlicher Typ. Aber es gibt in meinem Schlafzimmer dieses Fleckchen, da herrschen eigene Regeln. Wenn ich bei anderen zu Gast bin, lasse ich oft meinen Blick schweifen. Und ich finde ihn in fast jeder Wohnung: diesen einen Stuhl, der nur dazu da ist, Kleidungsstücke auf ihm aufzutürmen.

Die Bibel hat viele Bilder für Gott. König. Freund. Lebensatem. Mutter. Allmächtiger. Ich finde aber, eines fehlt: Kuddelmuddel-Stuhl. Schließlich heißt es im ersten Petrusbrief: „All eure Sorgen werft auf ihn." Ja – auf wen denn? Richtig.

Bei Gott darf ich die Dreckwäsche meines Lebens ablegen. Es hat das Platz, von dem andere sagen, dass ich es längst hätte einmotten sollen – meine Ticks, meine Spleens. Auch das Peinliche. Die bunten Socken, die zu keinem meiner Outfits passen, aber die nun mal zu mir gehören. Manchmal auch das Extravagante, das ich den Menschen auf der Straße nicht zeige. Auf dem Kuddelmuddel-Stuhl ist es gut aufgehoben.

Was für ein Glück, wenn man so einen hat, auf den man alles werfen darf.

ALEXANDER BRANDL
@ALPHA_UND_OH_MEGA

Jakob schaut die Himmelsleiter

Aber Jakob zog aus von Beerscheba und machte sich auf den Weg nach Haran und kam an eine Stätte, da blieb er über Nacht, denn die Sonne war untergegangen. Und er nahm einen Stein von der Stätte und legte ihn zu seinen Häupten und legte sich an der Stätte schlafen. Und ihm träumte, und siehe, eine Leiter stand auf Erden, die rührte mit der Spitze an den Himmel, und siehe, die Engel Gottes stiegen daran auf und nieder. Und der Herr stand oben darauf und sprach: Ich bin der Herr, der Gott deines Vaters Abraham, und Isaaks Gott; das Land, darauf du liegst, will ich dir und deinen Nachkommen geben. Und dein Geschlecht soll werden wie der Staub auf Erden, und du sollst ausgebreitet werden gegen Westen und Osten, Norden und Süden, und durch dich und deine Nachkommen sollen alle Geschlechter auf Erden gesegnet werden. Und siehe, ich bin mit dir und will dich behüten, wo du hinziehst, und will dich wieder herbringen in dies Land. Denn ich will dich nicht verlassen, bis ich alles tue, was ich dir zugesagt habe.

1. Mose 28,10–15

Psst!

Träume deine Träume in Ruh.

Wenn du niemandem mehr traust,
Schließe die Türen zu,
Auch deine Fenster,
Damit du nichts mehr schaust.

Sei still in deiner Stille,
Wie wenn dich niemand sieht.
Auch was dann geschieht,
Ist nicht dein Wille.
Und im dunkelsten Schatten
Lies das Buch ohne Wort.

Was wir haben, was wir hatten,
Was wir –
Eines Morgens ist alles fort.

JOACHIM RINGELNATZ

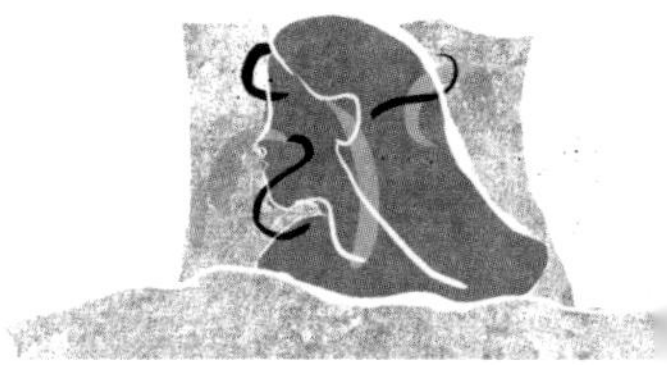

An der Schwelle zur Nacht

Jeden Abend, an der Schwelle zur Nacht, gehe ich in unseren Garten. Mein Ritual! Ganz bewusst übertrete ich die Schwelle nach draußen, wo mich Dunkelheit umfängt. Barfuß wandle ich über den Rasen, lausche: Wie klingt die Nacht? Welche Geräusche dringen von fern an mein Ohr? Ich blicke zum Himmel, suche Sterne und frage mich: Welche Schwellen habe ich heute noch überschritten? Welche Türen standen mir offen, wo bin ich gern eingetreten und wo nicht? Wo gab es Hemm-Schwellen? Begegnungen kommen mir in den Sinn, Gesichter, Augen-Blicke.

Jetzt lege ich den Tag zurück in Gottes Hand. Der Mystiker Meister Eckhart sagt: „Wäre das Wort ‚Danke' das einzige Gebet, das du je sprichst, so würde es genügen."

SIBYLLE KÜHN

Im *Traum* und
in der *Liebe* ist nichts
unmöglich.

ITALIENISCHES SPRICHWORT

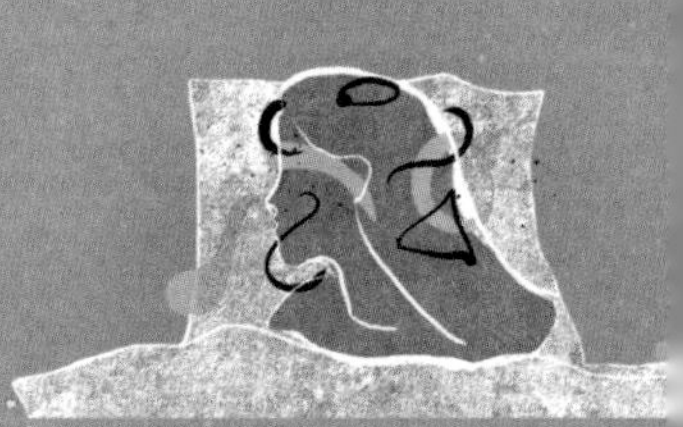

Sternegucken damals

Die Nacht ist zum Träumen da, nicht zum Hadern. Doch in dieser Nacht hadert er, mit seinem Schicksal und mit seinem Gott. Wie sehr hatte er sich immer schon Kinder gewünscht! Und? Seine Schöne ist schon lange nicht mehr die Jüngste! Und auch er selbst – immer mehr spürt er das Alter: die Haare … die Knochen … die Zähne …! Manchmal bekommt er richtig Panik. Abraham kann nicht schlafen in dieser Nacht. Die Sterne zu hell. Die Enttäuschung zu wach. Er hadert mit seinem Schicksal und mit Gott.

Aber was ist das? In die Enttäuschung und in die Fragen mischt sich eine andere Stimme, so fremd und so vertraut! Klar und leise hört er: Mein Lieber, es bringt nichts, dich selbst zu bedauern. Steh auf, geh vor dein Zelt und zähle die Sterne! So zahlreich sollen deine Nachkommen sein! Also: Fürchte dich nicht!

Da steht er nun, der Sterngucker Abraham. Und staunt nach oben. Sterne zählen ist gut gegen Schlaflosigkeit. Und gegen Hoffnungslosigkeit wohl auch ...?

An einem klaren Sternenhimmel sind dreitausend bis fünftausend Sterne zu sehen. Wie weit Abraham beim Zählen wohl gekommen ist? Oder ist die Zahl gar nicht so entscheidend, sondern mehr das Vertrauen? Und dieser göttliche Satz: Fürchte dich nicht!?

Als er zurückgeht ins Zelt, ist er ein anderer. Jedenfalls hadert er nicht mehr. Abraham schläft sofort ein. Und dann ... – dann träumt er. Lange nicht hat er so schön geträumt!

ANGELA FUHRMANN

Und er hieß ihn hinausgehen und sprach:
Sieh gen Himmel und zähle die Sterne;
kannst du sie zählen? Und sprach zu ihm:
So zahlreich sollen deine Nachkommen sein!

1. Mose 15,5

Guter Mond, du gehst so stille

Guter Mond, du gehst so stille
durch die Abendwolken hin;
deines Schöpfers weiser Wille
heißt auf jener Bahn dich ziehn.
Leuchte freundlich jedem Müden
in das stille Kämmerlein
und dein Schimmer gieße Frieden
ins bedrängte Herz hinein.

Guter Mond, du wandelst leise
an dem blauen Himmelszelt,
wo dich Gott zu seinem Preise
hat als Leuchte hingestellt.
Blicke traulich zu uns nieder
durch die Nacht aufs Erdenrund!
Als ein treuer Menschenhüter
tust du Gottes Liebe kund!

THEODOR ENSLIN

Heute ist manchmal

Gott,
am Ende des Tages bin ich manchmal selbst am Ende:
Fragen, Zweifel, Ungeduld, Unsicherheit, Sorge.
Machst du dann einen Schritt auf mich zu,
wenn ich mich von dir entferne?
Oder zwei? Oder drei?
Bleibst du an mir dran?

Ich weiß ja wohl, dass du längst um mich bist.
Aber manchmal brauche ich dein Ja direkt ins Herz.
Heute ist manchmal.

Amen.

JÖRG NIESNER

Wenn ich sehe die Himmel,
deiner Finger Werk,
den Mond und die Sterne,
die du bereitet hast:
Was ist der Mensch,
dass du seiner gedenkst,
und des Menschen Kind,
dass du dich seiner annimmst?

Psalm 8,4–5

Der Engel, der umwirft

Mitten in der Nacht steht er auf. Im Zelt ist es kalt. Aber das ist nicht der Grund. Die Komfortzone seines Schlafsacks verspricht Wärme, auch bei minus zehn Grad. Er kann nicht schlafen. Schwarz liegt der Fjord vor ihm. Dies ist die einundzwanzigste Nacht auf seinem Weg zum Nordkap. Er versucht ein Nachtgebet.

Herr, ich bin es. Von unterwegs. Ich habe mich lange nicht gemeldet, weil ... weil ich nichts mehr mit dir anfangen kann. Ich bin es leid, dich auf Westentaschenformat zusammenzufalten. Wenn es dich gibt, dann wehr dich. Du bist nicht lieb. Lieb ist die kleine Schwester von egal. Wer lieb sagt, meint: Mach ein freundliches Gesicht und stör nicht. Wir haben zu tun. Unser Leben ist ach so fordernd, das kannst du dir gar nicht vorstellen. Da komm du nicht bitte auch noch dazwischen. Aber ich widerspreche: Doch! Komm dazwischen! Stör mich!

Nach dir zu fragen, bedeutet heute, meditative Tänze zu tanzen. Die schlimmen Worte, die wollen wir nicht in den Mund nehmen. Deinen Zorn, den finden wir böse. Wir haben dich kastriert. Nimmst du das einfach hin?

Ich will nicht tanzen. Ich kann es auch nicht. Ich finde keine Antworten zwischen bunten Seidentüchern. Ich will mit dir um die Wahrheit kämpfen. Ich will mit dir um mein Leben ringen.

Plötzlich taucht aus dem Nichts jemand auf. Der moosige Boden muss seinen Schritt gedämpft haben. Er stellt sich ihm entgegen und wirft ihn um. Er stürzt ins Leere, sein Knie stößt an einen Stein. Der andere umklammert ihn, ringt mit ihm, ist stark. Er japst nach Luft und kämpft um sein Leben.

Wer bist du? Was willst du von mir? Hier hast du mein Leben, mein ganzes schönes, vermaledeites Leben. Den Schmerz werfe ich dir vor die Füße und meine Schuld, mit denen ich ja irgendwie leben muss, weil ich die Dinge nicht ungeschehen machen kann. Die zertretenen Ameisen nicht, die geklauten Zigaretten, die ergaunerte Drei in Latein, meinen Verrat an Sonja, mein Schweigen und meine Feigheit, die viel zu seltenen Besuche bei Opa, als er alt war und nervig, und mein Selbstmitleid, jetzt keinen mehr zu haben, mit dem ich die Erkenntnistheorie diskutieren kann. Die heimlichen Gedanken an S., die ich nicht verscheuchte, weil sie so angenehm waren, meine Erleichterung über die Kündigung von Herrn B., obwohl ich wusste, wie ungerecht sie ist, die gesparten Steuern und meine Selbstvergewisserungen, dass nicht schlimm sein kann, was alle tun. Deine Gebote und meine Relativierungen und meine Anklagen an dich für das nichtgelieferte Glück.

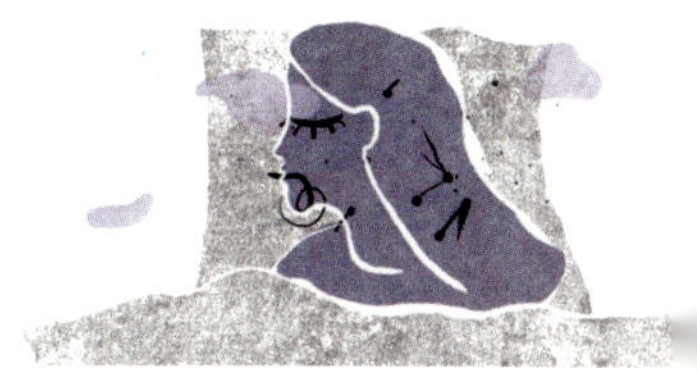

Das alles kann ich nicht rückgängig machen, und doch werfe ich mein Leben in den Ring und meinen Zorn, dass du so unnahbar, so ungreifbar, so fürchterlich bist. Meine Rationalisierungen deines Schweigens und meine Ohnmacht. Den Schmerz, ich könnte dir egal sein, schlimmer noch, ich könnte einem Wunschtraum hinterherjagen, einem Hirngespinst schlafloser Nächte, und du hinderst mich nicht.

Als der Fremde sieht, dass er standhält, dass er ihn nicht besiegen kann, bittet er: Lass mich gehen, der Morgen kommt. Aber er hält ihn fest: Ich lasse dich nicht, gib mir deinen Segen.

Ich lasse dich nicht los. Ich bin noch nicht fertig mit dir. Ich weiß, dass du da draußen lauerst, und ich weiß, dass du mehr zu bieten hast, als zweiundfünfzig Sonntage im Jahr. Ich will nicht brav dem Orgelnachspiel lauschen. Kein Kirchenkaffee vertröstet mich. Ich will nicht warten, bis endlich wieder Ostern ist, wo du auftauchen musst, weil wir mit dem Karfreitag doch nicht allein bleiben können. Du kannst uns so nicht hängenlassen. Ich will mich nicht beruhigen lassen von Regenbögen und bunten Luftballons, die so hübsch zum Himmel fliegen, als Motiv für Instagram. Ich will dich nicht ins Fotoalbum kleben und später sagen: Schau mal, da war ja Gott, und staunen, wie schnell so ein Bild verblasst.
Ich will deinen Segen, und ich will nicht eingeladen werden, dazu aufzustehen.
Ich will nicht darum bitten. Ich fordere ihn für mein Leben!

Der Fremde fragt: Wie heißt du?

Wie ich heiße, willst du wissen? Ich bin der, der immer noch träumt. Ich bin der, der sich morgens im Spiegel sieht und sagt: Los geht's, obwohl ich keine Ahnung habe, wohin. Ich suche das echte Leben, kaufe ein Zelt oder eine Axt, aber sehe den Wald vor lauter Bäumen nicht. Ich kann auch im strömenden Regen Lagerfeuer machen, aber eine Erleuchtung hatte ich trotzdem noch nicht. Ich bin der mit der Himmelsleiter, der Höhenangst hat. Ich mag Zartbitter immer noch lieber als Vollmilch, allein schon des Wortes wegen. Ich horche auf den Wind, das Heute und sein Geheimnis, und manchmal höre ich nur Heulen. Ich fürchte weder Gespenster noch Wölfe, und mitheulen werde ich nicht. Ich bin heute anders als gestern, nur manchmal habe ich vergessen, wer ich gestern war und wer ich morgen sein will.

Wie ich heiße, fragst du? Du kennst mich. Du hast mich bei meinem Namen gerufen. Ich bin dein.
Er fragt den Fremden, keuchend, stammelnd, fordernd: Aber du – wie heißt du?
Der Fremde entgegnet: Warum fragst du, wie ich heiße?

Weil ich dich kennen will. Weil ich dich fassen will. Schon bei der Anrede scheitere ich. Wer bist du? Der liebe Gott? Bloß nicht. Das ist so kindlich, und auch wenn wir uns deine Kinder nennen sollen – so fühle ich mich nicht. Ich kann mit dem Vater-Ding nichts anfangen (und Mutter macht es auch nicht besser). Herr? Viel zu formell. Wir haben uns zusammen im Staub gewälzt.

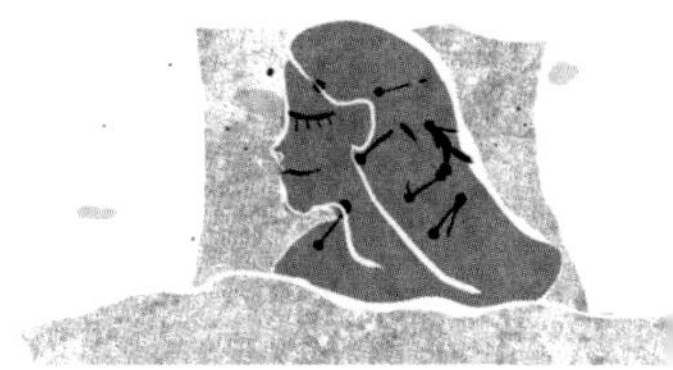

Wir sind per Du. Mein Gott? Wie vereinnahmend das klingt. Wie könntest du mein sein, wenn du genauso wenig zu fassen bist wie der Wind. Hallo Gott? Das ist mir zu banal.
Also was?
Zeig dich. Es muss kein Feuerwerk sein. Ich brauche keine Erscheinung in einer abgelegenen Höhle. Dein Flammenschwert kannst du stecken lassen (falls du so etwas überhaupt hast). Du brauchst mich nicht zu beeindrucken. Ich schwärme nicht für Superman. Was ich brauche, bist du. Ich will dich nah. Ich will mit dir ringen. Ich will dich fühlen. Ich will merken: Du schreckst vor mir nicht zurück. Ich will mich nicht mit sperrigen Theorien über dich begnügen. Schöne Bilder reichen mir nicht. Ich will dich nicht als Gleichnis, ich will dich echt. Wirf mich um und fang mich auf. Fall mir in den Arm und halt mich fest. Überwältige mich. Ich halte dir stand.

Da segnet ihn der Fremde. Er bleibt allein zurück. Er legt einen Stein auf einen Stein. An diesem Ort hat er Gott gesehen. Dann packt er Zelt und Schlafsack zusammen und bricht auf. Als er weiterzieht, geht ihm die Sonne auf. Sein Knie pocht und sein Herz.

Jakob stand in der Nacht auf, half seinen beiden Frauen,
den Mägden und seinen elf Söhne
durch den Fluss, sodass hinüberkam, was er hatte.
Dann blieb er allein zurück. Da rang einer mit ihm, bis die
Morgenröte anbrach. Und als er sah, dass er ihn nicht besiegen
konnte, berührte er seine Hüfte, und das Gelenk wurde verrenkt.
Und er sprach: „Lass mich gehen, denn die Morgenröte bricht an."
Aber Jakob antwortete: „Ich lasse dich nicht, du segnest
mich denn."
Er fragte: „Wie heißt du?" Er antwortete: „Jakob."
Er sagte: „Du sollst nicht mehr Jakob heißen, sondern Israel;
denn du hast mit Gott und mit Menschen gekämpft und
hast gewonnen."
Jakob fragte ihn: „Wie heißt du?"
Er entgegnete: „Warum fragst du, wie ich heiße?"
Und er segnete ihn.
Jakob nannte die Stätte Pnuël: Denn ich habe Gott von Angesicht
gesehen, und doch wurde mein Leben gerettet. Als er weiterzog,
ging ihm die Sonne auf; und er hinkte an seiner Hüfte.

aus 1. Mose 32

SUSANNE NIEMEYER

Gedankenkarussell

Da ist es wieder: mein Gedankenkarussell. Jeden Abend steige ich ein und fahre eine Runde. Oder zwei. Oder drei. Ich kann sie nicht zählen. Heute hat es ordentlich Tempo. An mir flitzen Bilder vorbei. Bilder meines Tages. Ich will aussteigen. Jetzt. Ich will diese Bilder in Ruhe betrachten. Eines nach dem anderen. Manche geraderücken. Hand anlegen. Aber keine Chance. Das Karussell dreht sich. Ich drehe mich. Wälze mich hin und her. Meine innere Kirmes kommt jetzt so richtig in Fahrt. Farben. Lichter. Musik. Stimmen. Vor allem: Stimmen. So viele. Sie reden auf mich ein, von außen, fliegen an mir vorbei, weil das Karussell sich immer noch dreht. Ich will antworten. Aber niemand hört mich. Nicht hier. Nicht in meinem Bett. Ich öffne die Augen: Stille. Dunkelheit. Jetzt schlafen, das wär's. Aber ich weiß: Wenn ich die Augen schließe, pocht mein Herz so laut wie wummernde Bässe.

„Komm, wir gehen jetzt", höre ich plötzlich jemanden zu mir sagen. Oder will es hören. Inmitten des Gewirrs diese eine Stimme, die ich kenne. Und die mich kennt. Das Karussell dreht sich weiter, langsamer jetzt, eine Weile nur. Bis es anhält. Jemand nimmt mich bei der Hand. Jemand führt mich behutsam die Stufen hinab. Jemand hält mich weiter an der Hand, bis ich fest stehe und das Schwindelgefühl verebbt. Ich will bleiben, weil ich denke: Ich muss bleiben. „Morgen ist auch noch ein Tag", sagt die Stimme zu mir. Und wir gehen. Ich setzte einen Schritt vor den anderen. Müde. Fast fallen meine Augenlider von allein zu. Ich schlendere, schlurfe, mit Füßen schwer wie Blei. Die Sonne wärmt mich, und leiser Wind trägt die Musik des Tages in die Ferne. Sie verhallt. Alles verhallt. Stille kehrt ein. Echte Stille.

Morgen ist auch noch ein Tag.

ALEXANDER BRANDL
@ALPHA_UND_OH_MEGA

Der Tag hat Augen,
die Nacht hat Ohren.

DEUTSCHES SPRICHWORT

Exemplarische Herbstnacht

Nachts sind die Straßen so leer.
Nur ganz mitunter
markiert ein Auto den Verkehr.
Ein Rudel bunter,
raschelnder Blätter jagt hinterher.

Die Blätter jagen und hetzen.
Und doch weht kein Wind.
Sie rascheln wie Fetzen und hetzen
und folgen geheimen Gesetzen,
obwohl sie gestorben sind.

Nachts sind die Straßen so leer.
Die Lampen brennen nicht mehr.
Man geht und möchte nicht stören.
Man könnte das Gras wachsen hören,
wenn Gras auf den Straßen wär.

Der Himmel ist kalt und weit.
Auf der Milchstraße hats geschneit.
Man hört seine Schritte wandern,
als wären es Schritte von andern,
und geht mit sich selbst zu zweit.

Nachts sind die Straßen so leer.
Die Menschen legen sich nieder.
Nun schlafen sie, treu und bieder.
Und morgen fallen sie wieder
übereinander her.

ERICH KÄSTNER

Das ewige Wort
wird nur
in der *Stille* laut.

MEISTER ECKHART

Würde ich mit der Sonne im Meer versinken

Psalm 139

Gott,
mein Herz und meine Seele liegen offen vor dir.
Du durchschaust mich.
Du kennst mich durch und durch.
Du begleitest meinen Alltag,
du siehst, wenn ich sitze oder aufstehe;

du verstehst mich,
wenn ich nachdenke oder grüble;
wenn ich unterwegs bin oder irgendwo liege,
um mich auszuruhen: Du begleitest mich.
Nichts, was ich sage, Gott, ist dir unbekannt.
Du umwebst mich mit deiner liebenden Kraft,
du umsorgst mich mit deiner haltenden Hand.

Begreifen kann ich das nicht. Es ist zu wunderbar.
Selbst wenn ich dir aus dem Wege gehen wollte –
wohin denn?
Hätte ich Flügel und flöge zum Himmel: Da bist du auch!

Würde ich mich eingraben
und bei den Verstorbenen verstecken:
Ich träfe dich an!
Würde ich mit der Sonne im Meer versinken:
Auch dort würde ich dir begegnen.
Könnte ich zaubern und alles dunkel machen:
Dann würdest du in der Dunkelheit aufleuchten.
Ich weiß: Schon vom Mutterleib an bin ich in deiner Obhut.
Ich bin dir so dankbar,
dass mein Leben ein Wunder ist,
ein Geschenk aus deiner Hand.
Das habe ich begriffen.
Meine Zeit ist bei dir verzeichnet,
jeder Augenblick.

Obwohl ich dich, Gott, nicht fasse,
wie ich auch die Tropfen im Meer nicht zählen kann,
weiß ich doch eines genau:
Ich bin immer bei dir geborgen.
Du durchschaust mich, Gott,
und kennst mich genau.

Komm und überzeug dich, ob ich ehrlich bin.
Zeig mir,
wenn mein Leben so nicht in Ordnung ist.
Nimm meine Zeit in deine Hand,
bis ich am Ziel bin. Amen.

PETER SPANGENBERG

Wenn die Sonne in der Nacht scheint

Es ist kalt, es ist so kalt, dass ich weder Hände noch Füße spüre. Ich zittere, ziehe die Schultern hoch und vergrabe meinen Kopf weiter im Schal. Es ist dunkel, und die Temperaturanzeige zeigt minus zwei Grad an. Ich atme aus. Es ist kein befreiendes Atmen, mehr ein schweres, fast schon zwanghaftes. Eine Frau dreht sich zu mir um, als ob sie allein die Vorstellung eines frierenden Menschen wundern würde. Ich laufe schneller. Die geschlossenen Geschäfte ziehen an mir vorbei. Ich sehe flüchtig mein Abbild in der Spiegelung eines Schaufensters, stolpere bei dem Anblick und bleibe stehen. Ein gehetztes, trauriges, frierendes Wesen schaut mich an, das so gar nicht in diese perfekte Welt passen will. Ich reiße mich schnell von diesem Bild los.

Ich gehe weiter durch die Stadt und endlich, wie ein alter Freund, kehrt es zurück. Es breitet sich aus, es leuchtet, nicht für andere, sondern nur für mich. Keiner ist sonst hier, der es bestaunen oder bezeugen könnte, dieser Moment ist nur für mich da. Ich habe es so sehr vermisst, es gehört einfach zu mir, genau wie mein Duft oder meine Art zu gehen. Es ist wieder da, mein ganz persönliches Lächeln, und zwar ehrlicher als je zuvor: mein Lächeln. Meine Augen fangen an zu leuchten und passen sich der Stimmung meiner Mundwinkel ganz automatisch an.

Dieses Lächeln ist entstanden durch etwas, an das ich nicht mehr glaubte. Durch etwas Vertrautes und Neues zugleich. Die Menschen nennen es Hoffnung oder Zuversicht. Langsam spüre ich meine Hände und Füße wieder. Durch etwas, das mir die Schönheit des Tages wieder zeigt, indem es meine Augen wieder öffnet. Ich fange an, meine Arme zu strecken und mich ein wenig zu drehen. Als wollte ich die Welt umarmen. Entstanden durch Akzeptanz und den Willen, das Schöne sehen zu wollen.

In Gedanken nur bei diesem Glück, das ich empfinde, gehe ich weiter durch die Stadt, aus dem Lächeln ist ein Grinsen geworden, und ich will laufen, springen, rennen ... jubeln und rufen: „Das Glück ist zu mir zurückgekehrt, seht, wie sehr ich mich freue!“ Aber ich bleibe still, teile mein Geheimnis nicht und fange leise an zu lachen.

Ich nehme es, es darf da sein, ich spüre die Freude. Trotz alldem, was passiert ist, schenke ich mir selbst diesen Augenblick.

Es ist kaum zu fassen, diese Leichtigkeit des Lebens. Ich hatte sie vergessen, verdrängt und verneint. Ich bin sprachlos, dankbar und glücklich. Was so ein Lächeln alles bewirken kann.

MIRIAM HACKLÄNDER
@ZWISCHEN_HIMMEL_UND_HOELLE

Der Himmel hat den Menschen
als Gegengewicht für die
vielen Mühseligkeiten drei Dinge
gegeben: die Hoffnung,
den Schlaf und das Lachen.

IMMANUEL KANT

… kennt uns beide, hat uns lieb

Während ich am Bett meiner Kinder
das Lied singe von dem,
der die vielen Sternlein zählt,
denke ich an dich
und stelle mir vor,
wir hätten damals den Mut gehabt,
miteinander zu weinen wie Kinder,
so lange bis unsere Schutzwälle
dahingeschmolzen wären
und wir auf dem guten Grund
unserer Tränen
den guten Grund der anderen
gesehen hätten.

Sammle unsere Tränen, Gott, meine und ihre,
die geweinten und die zurückgehaltenen,
sammle sie in deinen Krug, du zählst sie ja.

Die Tränen und die Sterne, denke ich,
summe ich dir zu, Menschenkind wie ich,
wo auch immer du gerade bist
unter dem einen Himmelszelt,
singe ich dir leise
durch unsere Funkstille
in diese Nacht:

kennt auch dich
und hat dich lieb,
kennt uns beide,
hat uns lieb.

STEPHANIE BRALL

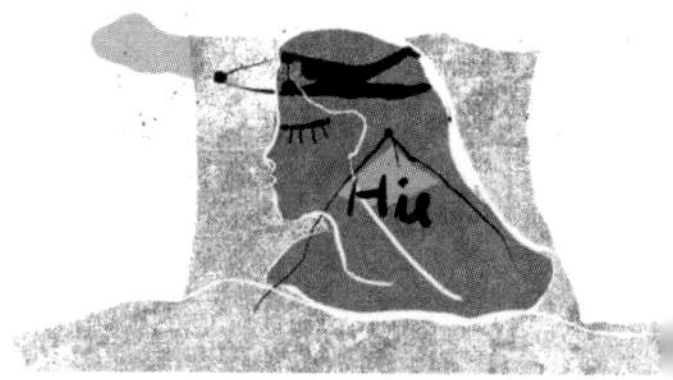

Die Sterne tanzen am Himmel Ballett

Den Schornsteinen geht die Puste aus
Ein Musikant verschnürt seinen Kontrabass
Ein paar Kinder träumen von Gold und Elefanten
Das Nordmeer zieht sich zum Mond zurück
Die Tausendfüßler ziehen ihre Stiefel aus
Ein Bäcker schnarcht und sein Freund sieht fern
Zwei Müllmänner machen die Lichter aus
Im Radio wird nur noch Musik gespielt
Kommissarinnen ermitteln im Schein
von Nachttischlampen
Sei bei uns Gott,
Behüte uns.
Amen.

MATTHIAS LEMME

Was für ein Leuchten

Mit meinen Kindern stehe ich im Urlaub am Meer.
Vor unseren Augen die Ostsee.
Aber ganz anders als sonst.
Es ist Nacht und die See leuchtet im Dunkeln.
Jede Welle, die sich bricht, bietet ein blaues Leuchten.
Bis an den Horizont.
Die Wissenschaftler nennen dieses Phänomen Biolumineszenz.
Hinter dem Leuchten steht ein komplizierter biochemischer Vorgang
rund um die Nährstoffkonzentration von Algen.
Das Phänomen ist sehr selten, und richtig erklären können sich
Wissenschaftler es noch nicht.
So bleibt ihnen und uns das Staunen.

Knöcheltief stehe ich mit meinen Kindern im Wasser.
Jeder Schritt lässt das Wasser leuchten.
Jede Welle bietet einen Lichtblick.
Atemberaubend und unvergesslich.
Das Ganze ist nur zu sehen,
wenn es richtig dunkel ist.

So, wie wirklich gute Freunde erst dann sichtbar werden,
wenn Not am Mann ist,
und ich merke, was für ein Glück ich mit ihnen habe.
So, wie weise Worte ihre Bedeutung oft erst entfalten,
wenn ich sie dringend brauche.
Tausendmal gehört und plötzlich denke ich: Wow!
Manches braucht zum Leuchten die Dunkelheit.

Und so stehe ich mit meinen Kindern inmitten der Dunkelheit im Meer.
Der Kleinste tobt jetzt durchs Wasser.
Das Wasser spritzt und leuchtet blau auf.
Jeder Schritt ein Leuchten.
Licht mitten in der Finsternis.

RAMÓN SELIGER

Abendgebet

Herr, mein Gott,
ich danke dir, dass du diesen Tag zu Ende gebracht hast.
Ich danke dir, dass du Leib und Seele zur Ruhe kommen lässt.
Deine Hand war über mir und hat mich behütet und bewahrt.
Vergib allen Kleinglauben und alles Unrecht dieses Tages
und hilf, dass ich allen vergebe, die mir Unrecht getan haben.
Lass mich in Frieden unter deinem Schutz schlafen
und bewahre mich vor den Anfechtungen der Finsternis.
Ich befehle dir die Meinen, ich befehle dir dieses Haus,
ich befehle dir meinen Leib und meine Seele.
Gott, dein heiliger Name sei gelobt.
Amen.

DIETRICH BONHOEFFER

Mondnacht

Es war, als hätt' der Himmel
die Erde still geküsst,
dass sie im Blütenschimmer
von ihm nun träumen müsst'.

Die Luft ging durch die Felder,
die Ähren wogten sacht,
es rauschten leis' die Wälder,
so sternklar war die Nacht.

Und meine Seele spannte
weit ihre Flügel aus,
flog durch die stillen Lande,
als flöge sie nach Haus'.

JOSEPH VON EICHENDORFF

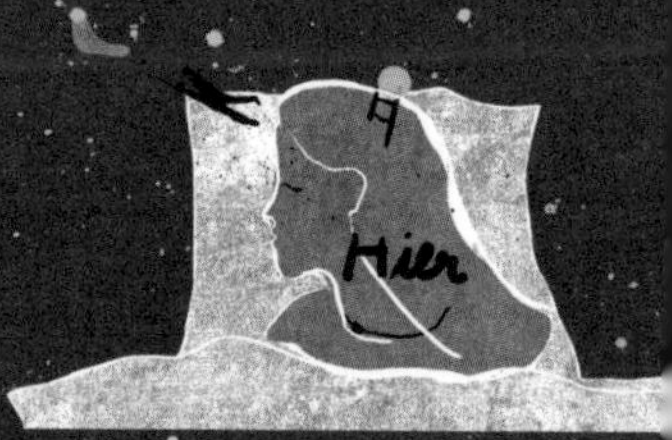

Der Engel, der es mit Ungeheuern aufnimmt

Einmal träumte ich, träumte einen sonderbaren Traum: Ich war eine Frau, mit der Sonne bekleidet, der Mond unter meinen Füßen und Sterne auf meinem Haupt.
So ein Mensch wollte ich sein: strahlend, hell und warm.
Dann, ein Ungeheuer am gleichen Himmel, sieben Köpfe hatte es und zehn Hörner, die Sterne fegte es weg, verschlingen wollte es mich und alles, was ich gebar. Ich träumte, der Himmel sei mein Leben, darin kämpfen die Strahlende und das Ungeheuer.
Da erwachte ich und erschrak: Wer würde siegen?

An ihrem siebenundzwanzigsten Geburtstag legte Eva ein Gelübde ab: Ich will ein guter Mensch sein.
Die Taliban hatten Afghanistan besetzt. Im Bus wurde jemand mit einem Messer niedergestreckt. Im Fernsehen zeigten Menschen ihre Allerweltsabgründe. Ein paar Rapper zerrten eine Bitch auf die Toilette und erhielten einen Preis für so was. Eva erwog kurz, an der Welt zu verzweifeln. Dann entschloss sie sich anders. Den Ungeheuern wollte sie die Welt nicht überlassen. Und beschloss, wenigstens selbst die bestmögliche Ausgabe ihres Selbst zu sein. Dann träumte sie den Traum.

Als sie erwachte, stand sie auf und kochte eine Kanne Tee. Sie musste denken. Das Radio schaltete sie erst gar nicht ein. Die Eilmeldungen auf dem Tablet ignorierte sie. Nicht mal Solitaire spielte sie, obwohl das ihr Mittagsritual war. Am Abend war sie fertig mit Denken. Folgende Ergebnisse hatte sie:

1. Jedes Wesen ist von Gott gemacht.
   Also auch ein Ungeheuer.
2. Jeder Mensch ist Gottes Ebenbild.
   Also auch die Hasserfüllten,
   die Ekelhaften, die Unerträglichen.
3. Daraus folgt, dass auch in ihnen
   ein göttlicher Funke steckt.
4. Das ist schwer zu ertragen.

Dann kam ihr noch ein Gedanke: Wenn die bösen Menschen gar nicht böse geboren sind, sondern geworden – wer sagte denn, dass das Böse nicht auch in ihr schlummerte? Vielleicht nicht so monströs und eindeutig, sondern netter verpackt. Daraus folgerte sie schweren Herzens:

5. Das Ungeheuer tobt auch in mir.

Jetzt, dachte sie, könnte ich Hilfe gebrauchen. Also träumte sie in der Nacht wieder einen Traum:

Im Himmel entbrannte ein Kampf: Ein Engel erhob sich, um das Ungeheuer zu besiegen. Der Engel trug ein Schwert und war sehr stark. Er gewann. Er stürzte das Ungeheuer auf die Erde. Gerettet, rief der Engel. Der Himmel ist gerettet!

Eva erwachte atemlos. Dabei hätte sie doch beruhigt sein können. Aber Eva war nicht beruhigt. Sie traute dem Sieg nicht. Wer weiß, dachte sie. Wer weiß, ob das alles ist. Diesmal kochte sie Kaffee. Sie brauchte etwas Stärkeres zum Denken. Denn was brachte es, wenn das Ungeheuer verdrängt war? Es existierte ja noch. Nur an anderem Ort. Lieber Engel, murmelte sie, tapfer gekämpft. Aber ich glaube, du hast da was übersehen. Am Mittag war Eva zu drei Schlüssen gekommen:

1. Das Böse kann man nicht ausrotten.
2. Nicht mal in einem selbst.
3. Aber bekämpfen kann man es. (Allein schon, damit es nicht im Verborgenen sein Unwesen treibt.)

Fragt sich nur, dachte Eva, was ich für diesen Kampf brauche. Ein Engel ist ja nicht immer verfügbar.
Am Nachmittag rief Evas Mutter an.
Sie mache sich Sorgen wegen der Träume. Ob es ihr auch gut gehe? „Ja", sagte Eva und bekräftigte das mit dem Hinweis, dass sie arbeite, ihre Zähne putze und nachher ins Kino gehe. Die Mutter begrüßte das und fügte noch hinzu, im Übrigen seien Träume Schäume und man solle sie nicht so ernst nehmen. Dann käme man in Teufels Küche.
In der Nacht träumte Eva ein drittes Mal:

Als das Ungeheuer erkannte, dass es auf die Erde gestürzt war, verfolgte es die Frau, aus der so viel Gutes hervorgegangen war. Sie vermochte nicht davonzulaufen, gelähmt stand sie vor dem Ungeheuer. Da wuchsen ihr Flügel. Sie erhob sich über das Böse und flog davon. Da tobte das Ungeheuer und spie einen Strom Verwünschungen aus, auf dass die Frau darin ertränke. Aber die Erde kam ihr zu Hilfe und verschlang den Strom. Der Zorn des Ungeheuers war unermesslich, und es schwor, Krieg zu führen gegen die Frau und alles, was aus ihr käme bis in Ewigkeit.

Als Eva zum dritten Mal erwachte, brauchte sie keinen Kaffee. Das Ungeheuer war ihr mittlerweile vertraut. Außerdem gefielen ihr die Flügel. Daraus schloss sie:

1. Man kann sich gegen das Böse erheben.
2. Verschwinden wird es trotzdem nicht.
3. Aber der Boden der Tatsachen vermag seine Ausscheidungen zu verschlingen.

Eva fand, dass sie mit Flügeln und dem Boden der Tatsachen hinreichend gut für weitere Kämpfe ausgestattet war. In dieser Nacht schlief sie tief und traumlos.

SUSANNE NIEMEYER

Alle eure Sorge werft auf ihn; denn er sorgt für euch.

1. Petrus 5,7

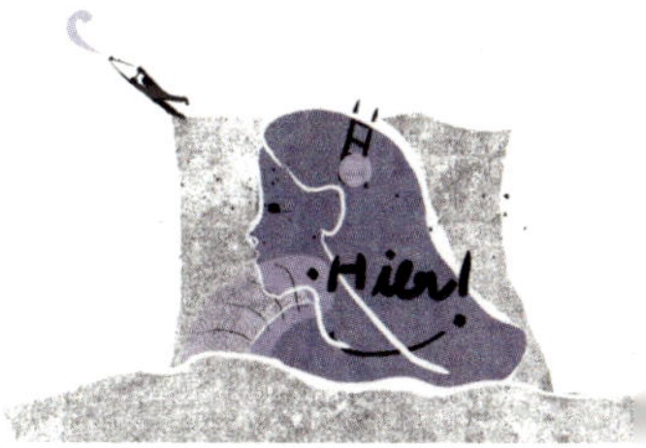

Wenn man nachts nicht schlafen kann

Wenn man nachts nicht schlafen kann,
Hört man von schiefergrauen
Dächern junge Katzen miauen,
Und das hört sich schaurig an.

Brave Menschen – heißt es – beten,
Dann schickt ihnen Gott den Schlaf. –
Doch man selbst ist niemals brav ...
Schlaflos starrt man auf Tapeten,

Zählt die Muster Stück für Stück.
Plötzlich hört man draußen Schritte,
Und vom Ausgang kehrt Brigitte
Wieder mal zu spät zurück.

Von der Straße tönt Gesang:
Durch die mondbeglänzte Stille
Wankt ein Mann aus der Destille,
Glücklich, weil er sich betrank.

Leise bellt ein Hund im Traum,
Und im Hausflur blüht die Liebe. –
Still zur Arbeit ziehen Diebe,
Ihre Schlüssel hört man kaum ...

Endlos lang dehnt sich die Nacht.
Eine Uhr schlägt Stund um Stunde.
Wächter machen ihre Runde,
Und man zählt bis tausendacht ...

Gähnend schleicht der Tag sich ein.
Autos rasseln schon und Wagen. –
Fröstelnd, nachtdurchwacht, zerschlagen
Dämmert man am Morgen ein. –

MASCHA KALÉKO

Wäre das Wort ›*Danke*‹
das einzige Gebet, das du je sprichst,
so würde es genügen.

MEISTER ECKHART

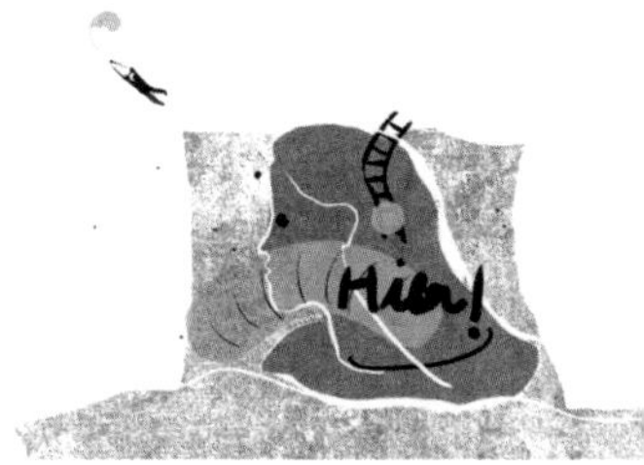

Der Engel, der die Träume macht

Der Engel, der die Träume macht,
ist wirklich ein Genie!
In jeder Nacht ein Film. Hut ab
vor so viel Phantasie!
Mal darf ich Schweine hüten und
mal muss ich König sein.
Ich ruder mit den Armen und
schon flieg ich allein!

Dem Engel, der die Träume macht,
gefällt's, mich zu verwirrn.
Ich muss durch Kellergänge und
durch Korridore irrn.
Und plötzlich sitz ich neben
Dieter Bohlen auf dem Hof.
Wir singen Life is life, dabei
find ich das Lied doch doof.

Was denkt der Engel sich dabei,
der meine Träume baut?
Ich weine sonst so gut wie nie
und lache selten laut.
Und da, im Traume schluchze ich
und lach von Herzens Grund,
bestaune eine Zauberin
mit offnem Kindermund.

Dass meine Seele barfuß geht
und sich am Feuer wärmt.
Dass sie das Wundern nicht verlernt,
erschrickt und staunt und schwärmt,
drum denkt er sich das alles aus,
drum kommt er Nacht für Nacht.
Und später weckt der Engel mich,
der meine Träume macht.

GERHARD SCHÖNE

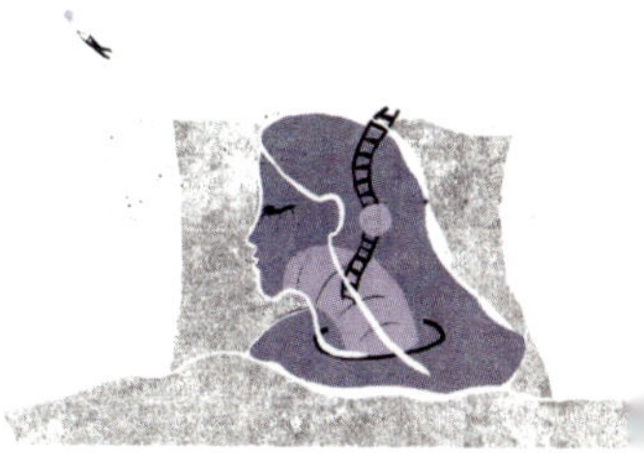

Noch Fragen

Wisst ihr, wie es ist, unter einem Himmel zu liegen, so blau und grenzenlos wie ein Nachmittag eurer Kindheit? Seid ihr schon mal an der Supermarktkasse vor lauter Sehnsucht in die Rundung einer nackten Schulter gefallen, gefallen vorbei an dem letzten und vorletzten Traum, in die Rundung einer Schulter hineingefallen, bis ihr in einem wärmenden Feuer lagt? Seid ihr schon mal zusammengebrochen, weil sich ein Schmetterling auf eurem Rücken niedergelassen hat? Habt ihr mitten im Satz gemerkt, wie eure Augen feucht werden? Ist euch schon mal die Idee gekommen, dass die Welt jeden Augenblick von Neuem beginnt und dass man das nirgendwo so gut beobachten kann wie beim Fahren? Und dass wir nur Besucher der Zeit sind, die jeden Moment hinausgebeten werden können? Wisst ihr, wie es ist, keine Angst zu haben, weder vor ihr noch vor der Einsamkeit? Wisst ihr, dass die Tränen aus den Wolken im Kopf kommen?

Habt ihr euch schon mal gewünscht, ein Teppichhändler zu sein, der von nichts weiter träumt als von Minztee, jeden Tag Minztee in der Kühle seines Ladens? (...) Habt ihr euch vorgestellt, eines Tages im Altersheim mit euren Freunden Drogen zu nehmen? Habt ihr euch vorgestellt, wie es ist, in einem Tempel zu stehen, in dem alle Namen der Welt aufgezeichnet sind? Erinnert ihr euch noch, dass die Jahre schnell vergingen, aber die Tage ewig dauerten? Seht ihr manchmal alte Menschen und wünscht euch, später mal genauso zu sein? Seid ihr erschrocken, wie viel Böses in euch steckt? Seid ihr feige, rücksichtslos und egoistisch und belügt euch selbst? Habt ihr euch schon mal gewünscht, einen Lehrmeister zu haben, der euch den Weg weist?

Gab es Tage, an denen ihr euch keine Sorgen gemacht habt, sondern nur die genommen, die schon da waren?

Habt ihr euch mal vorgestellt, mit dem Walkman auf dem Fahrrad zu sterben? Seid ihr schon mal mit einem Mädchen die Straße zu eurer Wohnung runtergegangen, und sie hat euch Sachen gezeigt, die ihr noch nie bemerkt hattet? Habt ihr euch in den langen Gesprächspausen am Telefon vorgestellt, dass das die Romantik ist, die da leise durch die Leitung rauscht? Habt ihr euch schon mal gedacht, dass man Geburtstag hat an dem Tag, an dem man über seinen Schatten springt?

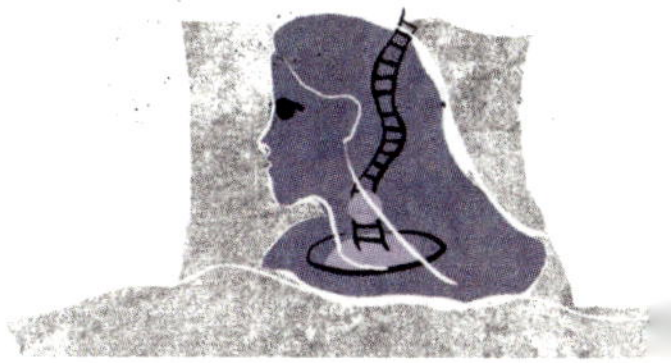

Und dass es eine Droge geben müsste, die hält, was sie verspricht? Ist euch schon mal aufgefallen, dass man mit Orten, an denen man oft ist, meistens ein Gefühl verbindet, und mit Orten, an denen man nur einmal war, eine Erinnerung? Wisst ihr, dass Gefühle unsichtbare Menschen sind? (...)

Ist euch schon mal die Idee gekommen, dass der Mensch alles aus Not erfunden hat? Und was ist dann mit dem Fernseher? Was für eine Not ist Langeweile?

Habt ihr euch schon mal vorgestellt, es gäbe zwei unterschiedliche Waggons in der Straßenbahn, in dem einen läuft scheußliche laute Musik, aber dafür muss man keine Fahrkarte lösen wie in dem anderen. In welchem würden die Menschen fahren wollen? Habt ihr gesungen auf dem Fahrrad im Sommergewitter? Habt ihr euch gewünscht, die Menschen zu sehen, wenn sie keinen Text mehr haben, den sie aufsagen können?

Und habt ihr – bitte, bitte – noch ein paar Fragen für mich?

SELIM ÖZDOĞAN

Frieden lasse ich euch, meinen Frieden gebe ich euch. Nicht gebe ich euch, wie die Welt gibt. Euer Herz erschrecke nicht und fürchte sich nicht.

JOHANNES 14,27

Mögest du warme Worte an einem
kalten Abend haben,
Vollmond in einer dunklen Nacht
und eine sanfte Straße auf dem Weg
nach Hause.

IRISCHER SEGEN

Lob des Einschlafens

Man gähnt vergnügt und löscht die Lampen aus.
Nur auf der Straße ist noch etwas Licht.
Man legt sich nieder. Doch man schläft noch nicht.
Der Herr von nebenan kommt erst nach Haus.
Man hört, wie er mit der Dame spricht.

Nun klappt man seine Augendeckel zu,
und vor den Augen tanzen tausend Ringe.
Man denkt noch rasch an Geld und solche Dinge.
Im Nebenzimmer knarrt ein kleiner Schuh.
Wenn doch die Dame in Pantoffeln ginge!

Man legt den Kopf auf lauter kühle Kissen
und lächelt in den dunklen Raum hinein.
Wie schön das ist: Am Abend müde sein
und schlafen dürfen und von gar nichts wissen!
Und alle Sorgen sind zwergklein.

Der Herr von nebenan ist froh und munter.
Es klingt, als ob er ohne Anlass lacht.
Man hebt die Lider schwer und senkt sie sacht
und schließt die Augen – und die Welt geht unter!
Dann sagt man sich persönlich gute Nacht.

Wenn bloß der Schwarze dieses Mal nicht käme!
Er steigt ins Bett und macht sich darin breit
und geht erst wieder, wenn man furchtbar schreit.
Man wünscht sich Träume, aber angenehme,
und für Gespenster hat man keine Zeit.

Man war einmal Kind, ist das auch wahr?
Und sagte mühelos „Mein Herz ist rein."
Das würde heute nicht mehr möglich sein.
Es geht auch so, auf eigene Gefahr ...
Man zählt bis dreiundsiebzig. Und schläft ein.

ERICH KÄSTNER

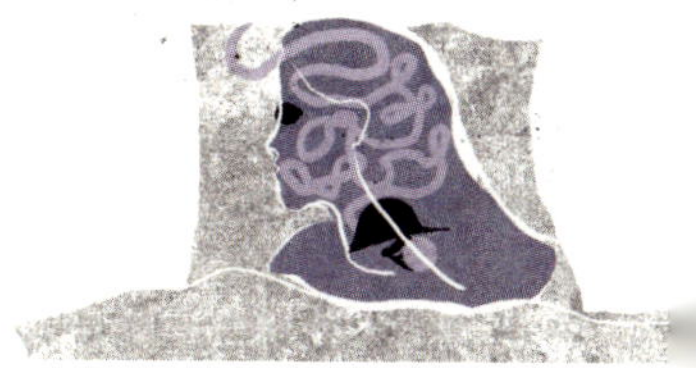

Gott,
Seelenentfroster,
Sorgenvergolderin,
Zeitbewässerer,
Angstverkramerin,
Ideenentbinder,
Ahnenbeschirmerin,
Talentbestaller,
Luststifterin,
Leidensbestatter,
Traumbesiedlerin,
Freiheitskrämer,
Raumentgrenzerin,
Lebensentfessler,
Kummerverwalterin:
Sei mir heute,
was du bist.
Sei mir morgen,
was ich brauche.
Amen.

ALEXANDER BRANDL
@ALPHA_UND_OH_MEGA

Süßer Schlaf

Du kommst wie ein reines Glück ungebeten,
unerfleht am willigsten.
Du lösest die Knoten der strengen Gedanken,
vermischest alle Bilder der Freude und des Schmerzes,
ungehindert fließt der Kreis innerer Harmonien,
und eingehüllt in gefälligen Wahnsinn versinken wir
und hören auf zu sein.

JOHANN WOLFGANG VON GOETHE

Leih der Stille dein Ohr,
damit du das Singen der Ewigkeit
vernimmst.

HELGA SCHÄFERLING

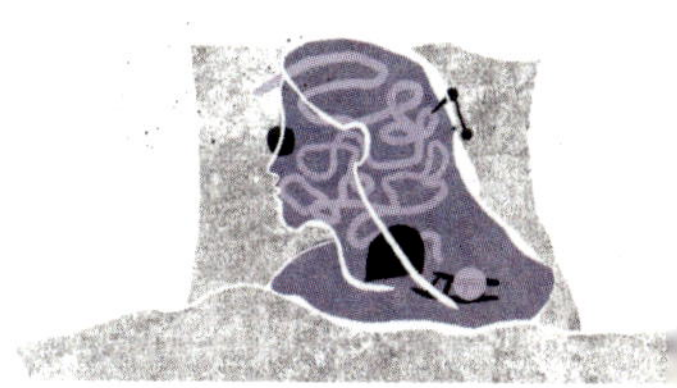

Nochmals: Frieden!

Es ist spät geworden, Gott.
Bevor ich die Augen schließe,
will ich dich noch mal um Frieden bitten –
und dass ich meinen Anteil daran erkenne
und ihn erbringe.

Auch meinen eigenen Frieden – den Frieden mit mir.

Lass mich irgendwo anfangen,
vielleicht mit einem guten Traum.

Amen.

JÖRG NIESNER

Der Einsiedler

Komm, Trost der Welt, du stille Nacht!
Wie steigst du von den Bergen sacht,
die Lüfte alle schlafen,
ein Schiffer nur noch, wandermüd,
singt übers Meer sein Abendlied
zu Gottes Lob im Hafen.

Die Jahre wie die Wolken gehn
und lassen mich hier einsam stehn,
die Welt hat mich vergessen,
da tratst du wunderbar zu mir,
wenn ich beim Waldesrauschen hier
gedankenvoll gesessen.

O Trost der Welt, du stille Nacht!
Der Tag hat mich so müd gemacht,
das weite Meer schon dunkelt,
lasst ausruhn mich von Lust und Not,
bis dass das das ew'ge Morgenrot
den stillen Wald durchfunkelt.

JOSEPH VON EICHENDORFF

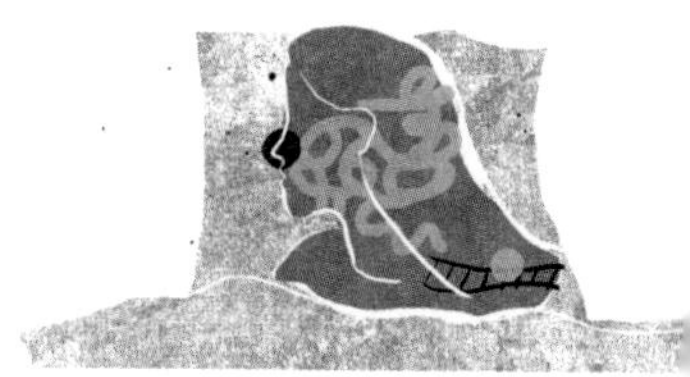

Wie Freiheit schmeckt

Stolz. Das erste Wort, das mir durch den Kopf geht, ist Stolz – darüber, dass ich den Aufstieg geschafft habe. Das Gefühl durchflutet mich. Ich lächle und schließe die Augen. Ich höre die Wellen an der Brandung. Die Luft. Ich atme, und alles vorherige Atmen scheint mir nicht richtig gewesen zu sein. So rein, so gut, so kühl riecht es. Ruhig. Atmen. Ich spüre den Wind, wie er meine Haare hebt und in alle Richtungen bewegt. Wie er an meinem Körper zieht, der standhaft über allem steht. Gerade bin nur ich da und diese wie zu einem ganz neuen Leben verhelfende Luft. Ich öffne die Augen. Ferne, Wellen, Unendlichkeit. Ich kann die Schönheit dieses Ausblickes in keine Worte fassen. All die Farben, die Natur, die wunderschöne Verlassenheit hier blickt mir entgegen. Ich genieße. Nicht nur die Aussicht, sondern die Freiheit. Befreit von all dem Ballast des Alltages, von den Geschichten der Vergangenheit, von den Sorgen der Zukunft. Gerade kann ich einfach sein. Im Moment sein und einfach nur atmen und sehen. Gerade steht alles still. Beim Anblick dieses Weltausschnittes verstummen alle Gedanken. Ich atme noch einmal tief. Bewusst.

In diesem Moment beschließe ich, öfter herzukommen. Mehr von dieser Freiheit und Schönheit zu kosten und auch von diesem Gefühl des Stolzes. All die Fragen und Sätze, die mich sonst quälen, sind für kurze Zeit verstummt, ja verflogen. Das ist doch etwas – das ist die Pause, die mir zusteht. Die ich mir ganz alleine nehme. Um zu atmen wie nie zuvor und zu sehen wie nie zuvor. Freiheit – ist das letzte Wort, das mir durch den Kopf geht, während Salzwasser meine lächelnden Lippen benetzt.

MIRIAM HACKLÄNDER
@ZWISCHEN_HIMMEL_UND_HOELLE

Lass den Abend
die Fehler des Tages verzeihen und
damit Träume gewinnen
für die Nacht.

RABINDRANATH TAGORE

Auf, auf, gib deinem Schmerze
und Sorgen gute Nacht,
lass fahren, was das Herze
betrübt und traurig macht;
bist du doch nicht Regente,
der alles führen soll,
Gott sitzt im Regimente
Und führet alles wohl.

PAUL GERHARDT

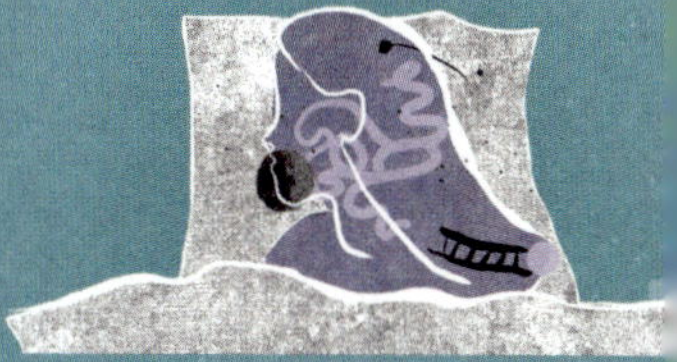

Und niemand sah deine Spur

Psalm 177

Lieber Gott, ich wende mich an dich mit einer einzigen Bitte um Hilfe.
Du hast Zeit für mich.
Ich suche deine Nähe,
weil ich aus dem Grübeln nicht herausfinde.
Besonders nachts plagen mich die Gedanken,
und ich komme innerlich nicht zur Ruhe.
Ich rede mit dir, und trotzdem bleibt mein Kummer.
Ich finde keinen Schlaf und wälze mich hin und her
und kann nicht reden.

Dann denke ich an die alte Zeit, an die Vergangenheit,
und ich suche nach Antwort,
weil ich an der Gegenwart leide.
Hast du dich denn zurückgezogen aus der Welt?
Hast du dich so verändert, lieber Gott,
dass ich dich gar nicht mehr spüre?
Dann wieder erinnere ich mich
an deine großen Taten in der Vergangenheit,
an die ungezählten Wunder.
Wenn ich das tue, ist für mich wieder klar:
Es ist eben dein Weg, den du wählst.
Es gibt keinen größeren Gott als dich. (...)
Immer suchtest du dir Menschen aus,
um andere Menschen in die Freiheit zu führen.
Selbst die Elemente schienen sich dagegen zu wehren,
aber alle gehorchten dir.
Alles geschah nach deinem Willen,
aber niemand sah deine Spur.

PETER SPANGENBERG

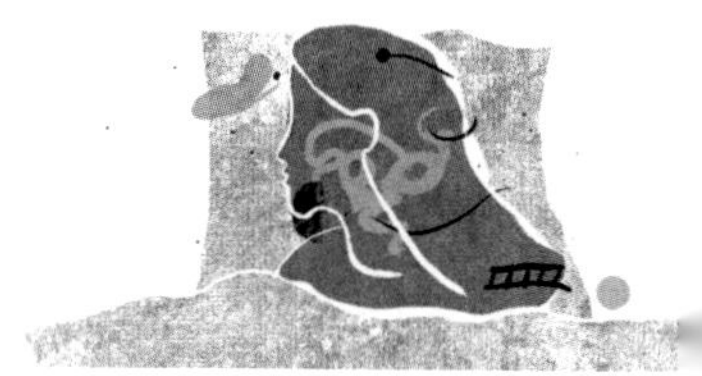

Die Kunst einzuschlafen, oder: Die Kunst, sich selbst Langeweile zu machen

Es gibt eine große Kunst: sich selbst auszuschlafen; aber es gibt eine noch größere, noch schwierigere Kunst: einzuschlafen.

Das ist eine Kunst, die man im buchstäblichen Sinne des Wortes nur im Schlafe lernen kann, und wenn man über diese Kunst ganze Nächte lang wacht, so lernt man sie erst recht nicht! Die Kunst einzuschlafen ist eigentlich nichts als die Kunst, sich selbst Langeweile zu machen! Es gibt keinen größeren Beweis von der Eigenliebe und von der Eitelkeit der Menschen, als wenn sie sagen: Ich kann bei Nacht nicht einschlafen! Das ist nichts als ein Beweis, wie gut sie sich mit sich selbst unterhalten, wie amüsant und geistreich sie ihre eigenen Gedanken finden. Wenn man in großer Gesellschaft ist, so läuft man oft alle Augenblicke Gefahr, sogleich einzuschlafen, ist man aber allein, abends, im Bette, mit niemandem beschäftigt als mit sich, hört man nichts als das, was man sich selbst sagt, in Gedanken oder in Monologen, da ist man entsetzlich wach und munter! Oh unbegreifliche Selbstliebe und Selbstgefallung!

Im Schlaf gehen die Geschäfte des Herzens und der Lunge nach wie vor fort; das Herz mag als des Tages über gute oder schlechte Geschäfte gemacht haben, der Schlafe ändert nichts, und dennoch kann ein bewegtes Herz es schwer zum Einschlafen bringen! Allein ein ganz gesundes Herz schläft gar nicht – es schnarcht nur zuweilen!

Also die Kunst einzuschlafen erfordert erstens, dass man kein Herz habe; das Herz ist die Unruhe im Menschen; und mit Unruhe kann man nicht einschlafen. Zweitens, dass man nichts denke, denn Denken ist ein Andrang von lebensschädlichen und organismuszerstörenden, bösen Einflüssen nach dem Kopfe, und zum leicht und bald Einschlafen gehört eine bequeme, der geistigen und leiblichen Ruhe zuträgliche Leerheit des Kopfes. Drittens, dass man nichts besitze, dass man weder im Herzen, noch im Kopfe, noch im Koffer etwas habe, überhaupt dass man auf der ganzen Welt nichts besitze, der Besitz, jeder Besitz, sei es nur der eines Dukatens oder eines Hauses oder eines Herzens oder auch nur eines Talentes – dieses gefährliche Schieß- und Mordgewehr –, hebt die freie Wirksamkeit der Seele nach innen auf, richtet sich auf die Außenwelt und zerstört allen Schlaf.

Um zu jeder Zeit leicht und schnell Einschlafen zu können, gehört vor allem, dass man kein Vermögen, weder in barem Gelde noch in Grundstücken, habe und doch auch kein Börsenspekulant sei; dass man nichts und niemand auf der ganzen Welt liebe, für niemand Sorge trage und sich um keines menschlichen Wesens Wohl und Weh' zu bekümmern habe; dass man sich gar keines Talentes bewusst sei, dass man die sichere Überzeugung habe: „Morgen früh, wenn ich aufstehe, bin ich ein so dummer Kerl und ein talentloses Wesen, wie es nur eines unter der lieben Sonne geben kann."

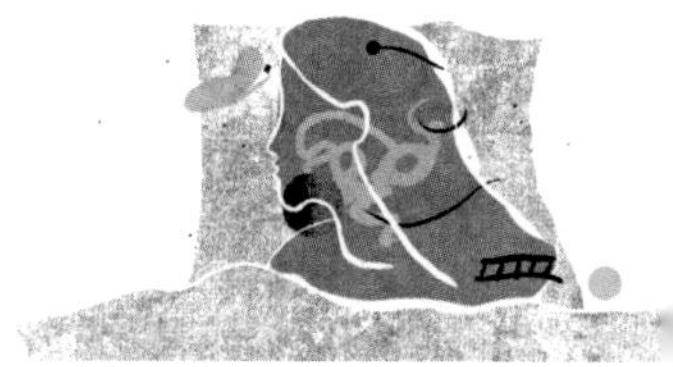

Wenn man bei allem diesen nichts gegessen hat, bloß ein Glas Zuckerwasser trank, sich leicht bedeckt, eine weiche Matratze hat und – nicht lesen kann, dann kann man sich der Hoffnung überlassen, leicht einzuschlafen.

Wie viel Mittel gibt es nicht und zählt nicht Jean Paul her, um schnell einzuschlafen: die Fensterscheiben zählen; das Einmaleins lernen; die Punkte in den Tapeten berechnen, eine gewisse Melodie so lange immer von Neuem summen, mit dem Finger das Antlitz herumfahren usw. Aber es geht diesen Mitteln wie allen Hausmitteln: Sie sind alle recht gut, aber sie nützen alle nichts!

Es ist ein großes Unglück, dass sich die Menschen so gut mit sich selbst unterhalten! Man ist so seelenvergnügt, wenn man keinen anderen Zuhörer hat als das Kopfkissen. Das Kopfkissen gähnt uns nicht ins Angesicht, das Kopfkissen hört uns geduldig zu, und wer am besten zuhört, ist der beste Gesellschafter!

Von was spricht der Mensch mit dem Kopfkissen? Von sich! Von sich! Von sich! Kann man bei einem so interessanten Gespräch einschlafen? Das wäre eine Beleidigung an sich, und sich selbst beleidigt kein Mensch so bald!

Ich kenne Schriftsteller, die mit dem Vorlesen ihrer eigenen Schriften ganze Gesellschaften eingeschläfert haben; sie selbst lesen sich ihre Werke aber selbst alle Nacht vor, und es kommt ihnen kein Schlummer in die Augen! Ich kenne andere, die eine Sucht zum Anekdotenerzählen haben: Wenn sie dieselben in Gesellschaften erzählen, so schlummert der auftragende Bediente im Gehen plötzlich ein, die Natur selbst fängt zu gähnen an, und Todesschlaf herrscht ringsum; dieselben wiederholen sich diese Anekdoten alle Nacht allein im Bette und unterhalten sich dabei so köstlich, dass sie nicht einzuschlafen imstande sind!

Ich komme nun zurück, dass die leidige Selbstliebe der Feind ist, warum Menschen nicht einschlafen können. Ich kenne Menschen, die, wenn man ihnen auf der Straße begegnet, eine solch narkotische Einwirkung machen, dass man sich an das erste beste Haus anlehne und schlummern muss, bis diese vorüber sind, und diese Menschen klagen auch, dass sie nicht einschlafen können! Sie müssen als notwendigerweise nachts ganz aus sich heraustreten und sich für ein anderes Individuum halten.

Man sagt, um bald einzuschlafen müsse man das Licht auslöschen. Unsinn! In Gegenden, wo gar kein Licht herrscht, hört man auch die Klage: „Ich kann gar nicht einschlafen." Das Licht ist kein Hindernis des Schlafes, denn der erste Mensch ist sogleich nach der Erschaffung des großen und des kleinen Lichtes eingeschlafen. Dass aber der erste Mensch so bald und so leicht einschlief, ist ein Beweis für meinen Ausspruch: Man muss gar kein Vermögen besitzen, niemanden lieben, nichts wissen, nicht lesen können und – unverheiratet sein, um bald und schnell einzuschlafen.

Dass aber das Licht am Einschlafen nicht schadet, beweist der Umstand, dass manche Menschen gerade in der Gesellschaft der größten Lichter am ehesten einschlafen! Ja, dass das Licht durchaus dem Einschlafen zuträglich ist, geht auch daraus hervor, das man tausend und tausende Dinge, Prozesse, Untersuchungen usw. je eher einschlafen lässt, je greller das Licht ist, in welchem sie erscheinen!

Ich glaube, gerade im Finsteren kann man gar nicht einschlafen, denn schlafen heißt Sinnesempfindungen unterbrechen, aufhören zu machen; und gerade im Finstern werden die Sinnesempfindungen am meisten wachgehalten.

Ich für meinen Teil, ich finde nie mehr Lust zu schlafen als bei einer Illumination, bei einem Feuerwerk, und die Feuerspitzen sind an manchen Orten nie von einem tieferen Schlaf befallen als bei einem hellen Brande. Ein Betrunkener schläft sogleich ein, und der ist doch lichterloh illuminiert!

Je leichter die Fantasie des Menschen ist, desto eher schläft er ein; je farbloser sie ist, desto weniger; darum schläft die Jugend viel, das Alter wenig! Ich weiß, das ist eine sachliche Anwendung, allein ich rede jetzt aus dem Schlaf und will versuchen, mich in den Schlaf zu reden, denn ich schreibe diesen Aufsatz nämlich im Bett. Ich glaube, man fühlt es ihm an, dass ich nicht schlafen kann!

Ich hab doch nichts, weder Dukaten, noch Liebe, besitze auch kein Talent, bin unverheiratet, kurz ein Eigentümer aller Erfordernisse zum Schlaf, und – kann doch nicht schlafen!!

Wie? Sollte ich auch Wohlgefallen an meiner eigenen Gesellschaft finden? Nicht möglich! Ich habe mir etwas aus meinen Schriften vorgelesen und bin doch nicht eingeschlafen! Da dacht' ich, das sind alte Sachen, die wirken nicht so, frische Mittel sind wirksamer, und schreibe mir frisch dieses Opiate. Allein schon sind alle Leser um mich eingeschlafen, und ich bin noch munter, so wach! Es ist entsetzlich! Dreimal hab ich mir das Geschriebene schon vorgelesen, und kein Schlaf kommt in mein Auge! Ich bin nicht imstande, mir Langeweile zu machen. Ich muss heut Nacht schon durchwachen, alter lieber Leser, eingeschlafen bist du schon, schlaf also gut aus!

MORITZ GOTTLIEB SAPHIR

Unser Abendgebet steige auf zu dir, Herr,
und es senke sich auf uns herab dein Erbarmen.
Dein ist der Tag, und dein ist die Nacht.
Lass, wenn des Tages Schein vergeht,
das Licht deiner Wahrheit uns leuchten.
Geleite uns zur Ruhe der Nacht
und vollende dein Werk an uns in Ewigkeit.
Amen.

EG 721

Bloß eine Kerze

Gerade abends braucht sie ein warmes, lebendiges Licht. Eine Kerze. Die steht auf dem Couchtisch. Die Kinder lästern immer schon: du und deine Kerzen. Aber sie braucht das. Ein Licht kann die ganze Dunkelheit verändern.

Und sie liebt es, ganz bescheiden anzufangen. Eine Kerze im Wohnzimmer. Und dann langsam steigern. Dem Licht mehr Raum geben. Weil es im Leben ja auch nie auf einen Schlag hell wird. Weil jede Veränderung Zeit braucht. Wie eine Schwangerschaft. Wie Maria, die zulässt, dass Gott groß wird – durch sie.

Auch die Hoffnung ist langsam. Darauf, dass ein anderes Leben möglich ist. Eines, wo alle Dinge in Ordnung kommen. Wo die Welt langsam hell und freundlich wird. Wo die Leisen gehört werden, die Verwundeten behandelt. Wo die Wahrheit beim Namen genannt wird.

Wir leben noch nicht im vollen Licht. Wir sind auf dem Weg. Aber eines Tages, das glaubt sie sicher, eines Tages wird es so weit sein. Da werden wir alle die Schatten hinter uns gelassen haben. Da wird ein heller Festsaal sein, Gott wird da sein, es wird alles gut sein.

Dafür brennt hier ihre Kerze und wärmt ihre Seele.

ULRIKE GREIM

Besonders nachts ist es schön, an Licht zu glauben.

PLATON

Nasentropfen

Es regnet. An den dicken Eisenstäben vor meiner kleinen Zellenluke perlt das Wasser unermüdlich herunter. Ich singe: „Nasentropfen, die an mein Fenster klopfen ..."

An die Nacht, in der das Unheil begann, kann ich mich genau erinnern.

Wir waren gerade eingeschlafen, als das Telefon klingelte und ich dringend ins Krankenhaus gerufen wurde. Nun, das kommt vor, im Allgemeinen schlummere ich zwei Stunden später bereits friedlich weiter.

Beim Einschlafen pflegte ich auf der rechten Seite zu liegen, meine Frau im Übrigen auch. Meine Gedanken kreisten noch um den perforierten Blinddarm, als ich von einem zugigen Lüftchen angefächelt wurde. Hilde schlief sowohl auf der falschen Seite als auch mit einer verblüffenden neuen Atemtechnik. Schnarchen konnte man es nicht direkt nennen, es handelte sich um ein aufdringliches „Püü-Haa". Nur wenige Minuten lang konnte ich es ertragen. Ich stieß sie an, sie drehte sich weg, und der Spuk war zu Ende.

In der nächsten Nacht fuhr mir ein Sturmwind ins Gesicht, das Püü und Haa gingen in ein ratzendes Sägen über. Das Weib wendete sich nicht mehr gehorsam ab, sondern wirkte unverdrossen auf meinen Herzinfarkt hin – die häufigste Todesursache bei Ärzten.

Eine nächtliche Bettflucht war unmöglich. Bei meinem Sohn mochte ich nicht um Asyl nachsuchen, seine Socken und Turnschuhe belästigten ein anderes meiner empfindlichen Sinnesorgane. Bei der Tochter ging es schon aus Gründen des Anstands nicht.

Nach schlaflosen Nächten, heftigen ehelichen Auseinandersetzungen und Drohungen beriet ich mich mit einem Kollegen. Er empfahl Nasentropfen. Bereits am nämlichen Abend zwang ich Hilde, das Medikament zu nehmen. Mit Erfolg: Die Nasenatmung funktionierte wieder.

Wenn ich gedacht hatte, das Problem sei hiermit gelöst, so irrte ich. Anfangs nahm meine Frau die Tropfen mit künstlichem Eifer. Als echte Schlampe vergaß sie ihre Pflicht aber schon nach wenigen Tagen und begann wieder zu schnarchen, grauenhafter denn je. Sie musste von mir geschüttelt, gerügt, ja gewaltsam beträufelt werden.

Dann begann sie mit diesen Ausflügen. Einmal im Monat besuchte sie ihre Freundin in der Stadt und übernachtete dort, obwohl man in zehn Minuten wieder zu Hause sein konnte. Diese Extravaganz bezeichnete sie als ihr gutes Recht. Niederträchtigerweise vergaß sie nie, die Tropfen in den Kulturbeutel zu packen. Bei meinen abendlichen Kontrollanrufen meldete sich niemand, selbst um drei Uhr nachts wurde der Hörer nicht abgenommen.

Sicherlich betrog sie mich. Bei mir wurde auf Teufel komm raus geschnarcht, beim Nebenbuhler dagegen durch lautlosen Schlaf beglückt. Insofern war es nicht verwunderlich, dass ich mich auf Hildes Geburtstagsfeier in ihre sanfte Freundin Sonja verliebte.

Kurz darauf reifte der geniale Plan, mich meiner Frau zu entledigen, ein für allemal. Vom Anästhesisten entwendete ich ein starkes Muskelrelaxans, das als Narkosemittel in flüssiger Form verfügbar war.

Als Hilde erneut den Koffer packte, leerte ich die Nasentropfen aus dem Fläschchen, füllte es mit der gestohlenen Injektionslösung, und legte das Überraschungsei in ihre Toilettentasche zurück, nicht ohne einen Markierungspunkt angebracht zu haben. Ich rechnete mit einem nächtlichen Atemstillstand und einem grauenhaften Schock ihres Lovers. Aber meine Frau kam gesund nach Hause.

In meiner Verzweiflung beschloss ich, Gleiches mit Gleichem zu vergelten. Am folgenden Samstag fuhr ich zu Sonja und blieb die ganze Nacht bei ihr. Wenn Hilde schon nicht sterben wollte, so sollte sie in Zukunft zumindest leiden wie ich.

Nach der Liebe schlief ich wie ein junger Gott. Sonja war, trotz einer Erkältung, selbst im Schlaf ein Muster an Disziplin.

Als ich meine Liebste wachküssen wollte, war sie starr und kalt. Auf ihrem Nachttisch standen Hildes Nasentropfen.

INGRID NOLL

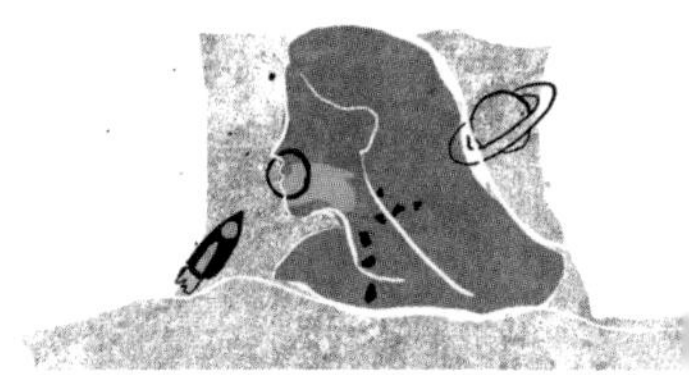

Wenn kleine Augen Großes sehen

Ich höre Trippelschritte, langsam, ja beinahe vorsichtig öffnet sich meine Zimmertür, und Emma lugt in den Raum. Unwillkürlich muss ich lächeln.

„Ich kann nicht schlafen, ich bin noch nicht müde“, sagt Emma, fast entschuldigend, mit einem fragenden Blick.

Verständnisvoll nicke ich, und winke sie zu mir, strahlend läuft sie auf mich zu. Ich hebe sie auf meinen Schoß. „Weißt du, Emma, das geht mir auch oft so.“

„Wieso?“, fragt Emma mit großen Augen. Ich lächle, Emma hat selten Probleme einzuschlafen.

„Ach, manchmal, da hält mich all das wach, was ich noch machen muss, was mir Sorgen macht, was ich einfach nicht loslassen kann.“ Ich lächle, ein wenig kaputt vom Tag.

„Und warum lässt du nicht einfach los?“ Emma nimmt fragend die Arme nach oben, hält den Kopf schräg und schaut mich an.

„Weil ich streng mit mir bin und genau darauf schaue, was ich nicht geschafft habe“, seufze ich, wissend, dass das keine gute Betrachtungsweise ist.

„Aber warum“, fragt Emma, schon fast aufgeregt, „warum schaust du nicht auf all das, was du geschafft hast?“ Sie nimmt ihre Finger zur Hilfe und zählt auf: „Du hast dich alleine fertig gemacht, warst draußen, hast mit Menschen gesprochen. Und daaas“, sagt sie und hebt sogar ihren Finger, „ist doch soooo viel.“

Ich lächle. „Du hast recht, das ist einiges.“

„Uuuund …“, sie überlegt und freut sich dann: „Sagst du nicht immer, dass du mich lieb hast, weil ich ich bin, und nicht für das, was ich richtig“, sie macht eine Pause, „oder falsch mache?“

„Das stimmt ja auch!“

„Dann verstehe ich es nicht“, sie schüttelt energisch den Kopf. „Warum hast du dich nicht einfach lieb und schläfst ein?“

MIRIAM HACKLÄNDER
@ZWISCHEN_HIMMEL_UND_HOELLE

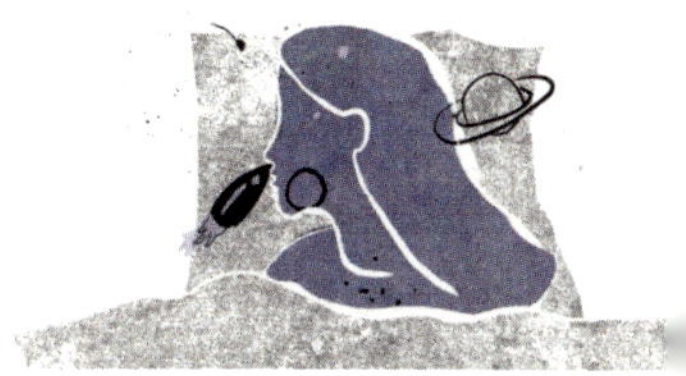

Play it again!

Angela Pontual, eine Freundin des Wanderers, besuchte einmal eine Theateraufführung am Broadway. In der Pause ging sie ins Foyer, um einen Whisky zu trinken. Das Foyer war voller Menschen, die rauchten, redeten, tranken.

Ein Pianist spielte, doch niemand achtete auf die Musik. Angela nippte an ihrem Drink und sah den Musiker an. Er schien gelangweilt, wirkte so, als würde er nur spielen, weil er musste, und als könnte er das Ende der Pause kaum abwarten. Nach einem weiteren Whisky wandte sie sich, schon etwas beschwipst, an den Pianisten.

„Sie sind eine Nervensäge! Warum spielen Sie denn nicht für sich selber?", fuhr sie ihn an.

Der Pianist blickte sie erstaunt an und begann sofort, Stücke zu spielen, die ihm gefielen. Darauf wurde es still im Foyer.
Als der Pianist geendet hatte, applaudierten alle begeistert.

PAOLO COELHO

Nachts II

Die Nacht,
In der das Fürchten
Wohnt,

Hat auch
Die Sterne
Und den
Mond.

MASCHA KALÉKO

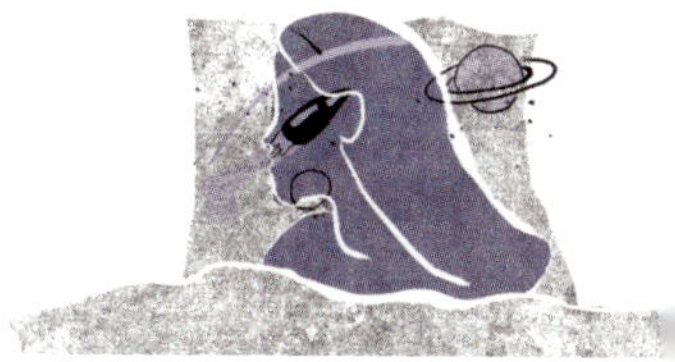

Josef erzählt von seinen Träumen

Israel liebte Josef mehr als seine anderen Söhne, weil er ihn im hohen Alter bekommen hatte. Deshalb ließ er ihm ein prächtiges Gewand machen. Seine Brüder sahen, dass ihr Vater ihn lieber hatte als sie alle. Daher hassten sie Josef und konnten kein friedliches Wort mehr mit ihm reden.

Einmal hatte Josef einen Traum und erzählte seinen Brüdern, was er geträumt hatte. Da hassten sie ihn noch mehr. Er sagte zu ihnen: „Hört euch an, was ich geträumt habe! Wir banden Garben auf dem Feld. Plötzlich richtete sich meine Garbe auf und blieb stehen. Eure Garben stellten sich um meine Garbe herum und verneigten sich tief vor ihr." Da sagten seine Brüder zu ihm: „Willst du etwa unser König werden und über uns herrschen?" Ihr Hass auf ihn wurde noch größer, weil er so etwas träumte und sagte.

Josef hatte noch einen anderen Traum und erzählte seinen Brüdern davon. Er sagte: „Hört zu! Ich hatte noch einen Traum. Ich sah, wie sich Sonne, Mond und elf Sterne tief vor mir verneigten." Als er seinem Vater und seinen Brüdern davon erzählte, fuhr sein Vater ihn an und sagte: „Was ist das für ein Traum? Sollen wir etwa kommen – ich, deine Mutter und deine Brüder – und uns tief vor dir verneigen?" Seine Brüder wurden eifersüchtig auf ihn, und sein Vater behielt die Sache im Gedächtnis.

1. Mose 37,3–11

Während Netflix

Gott,

gleich Mitternacht. Netflix läuft.
Aber meine Gedanken kreisen um mein Leben, die Welt, dich.
Als hätte ich den Kompass in der Hand, suchend nach Richtung.
Dabei weiß ich gar nicht, was die Nadel bedeutet, die sich dreht.

Gleich beginnt also ein neuer Tag, den du schenkst –
und ich bitte dich um Orientierung dazu.

Dass ich mich finde, dich und meinen Platz in dieser Welt.

Und jetzt schalte ich den Fernseher ab und mein Vertrauen zu dir an.
Damit kann ich schlafen.

Amen.

JÖRG NIESNER

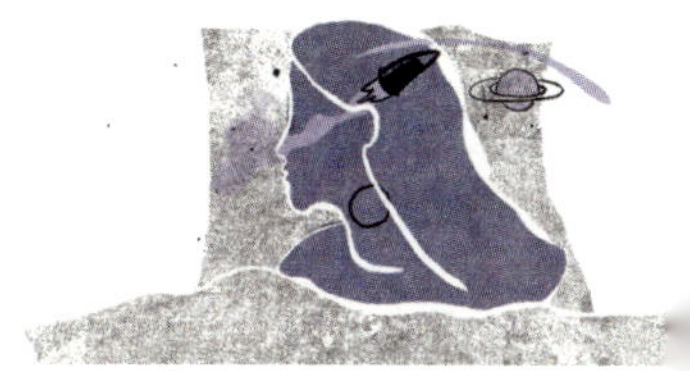

Standort

INHALT
Seite

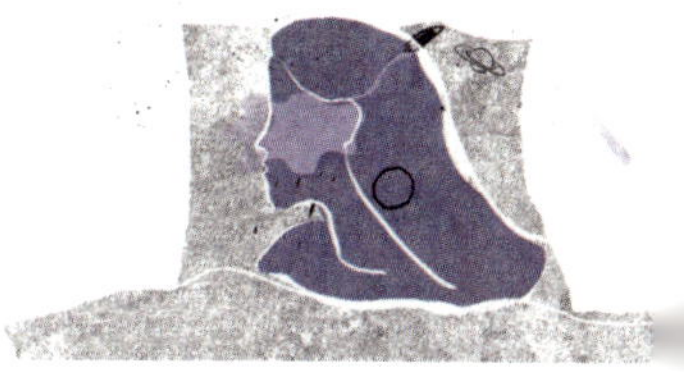

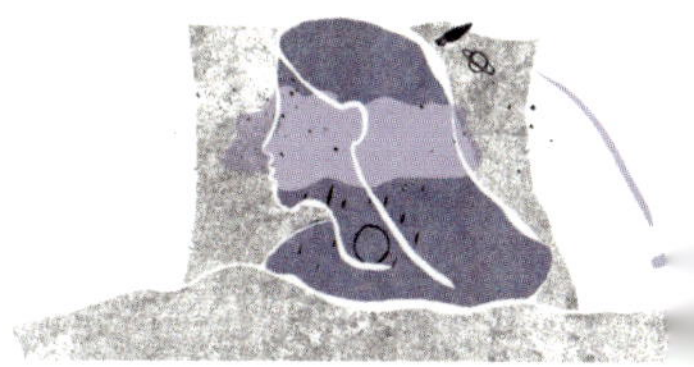

VERZEICHNIS DER AUTORINNEN UND AUTOREN

DIETRICH BONHOEFFER (1906–1945),
lutherischer Theologe, Vertreter der Bekennenden Kirche und Widerständler gegen den Nationalsozialismus.

STEPHANIE BRALL,
Autorin, Publizistin, Fotografin, Leiterin des Lüchtenhofes. www.stephaniebrall.de

ALEXANDER BRANDL,
Vikar in München, Blogger und Podcaster, @alpha_und_oh_mega, #himmelwärts.

PAOLO COELHO,
brasilianischer Schriftsteller und Bestsellerautor.

MEISTER ECKHART (1260–1328),
einflussreicher Theologe und Philosoph des Spätmittelalters.

JOSEPH VON EICHENDORFF (1788–1857),
bedeutender Lyriker und Schriftsteller der deutschen Romantik.

THEODOR ENSLIN (1787–1851),
Buchhändler, Bibliograf und Verleger.

ANGELA FUHRMANN,
evangelische Pfarrerin in Gotha.

PAUL GERHARDT (1607–1676),
gilt als einer der bedeutendsten deutschsprachigen Kirchenlieddichter.

JOHANN WOLFGANG VON GOETHE (1749–1832), bedeutender Dichter der Klassik und Naturforscher.

ULRIKE GREIM,
Rundfunkbeauftragte der Evangelischen Kirche in Mitteldeutschland (EKM).

ERICH KÄSTNER (1899–1974),
Schriftsteller, Publizist, Drehbuchautor und Kabarettdichter.

IMMANUEL KANT (1724–1804),
bedeutendster Philosoph der Aufklärung.

MIRIAM HACKLÄNDER,
Studentin evangelische Theologie und Instagrammerin,
@zwischen_himmel_und_hoelle

MASCHA KALÉKO (1907–1975),
deutschsprachige Dichterin der Neuen Sachlichkeit.

SIBYLLE KÜHN,
Referentin Forum am Dom in Osnabrück.

MATTHIAS LEMME,
evangelischer Pastor und Autor in Hamburg.

SUSANNE NIEMEYER,
Autorin und Bloggerin aus Hamburg.
www.freudenwort.de

JÖRG NIESNER,
evangelischer Pfarrer in Laubach/Hessen, @wasistdermensch, tellonym.me/wasistdermensch.

INGRID NOLL,
Schriftstellerin, eine der erfolgreichsten deutschen Krimi-Autorinnen der Gegenwart.

SELIM ÖZDOĞAN,
türkischstämmiger, deutscher Schriftsteller.

GERHARD SCHÖNE,
deutscher Liedermacher.

PLATON (428/427 v. Chr.–348/347 v. Chr.),
antiker, griechischer Philosoph.

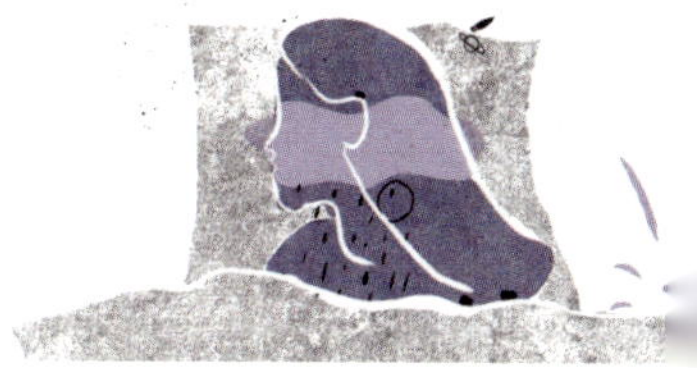

SERGE POLIAKOFF (1899–1969),
russischer Maler.

JOACHIM RINGELNATZ (1883–1934),
Schriftsteller, Kabarettist und Maler.

MORITZ GOTTLIEB SAPHIR (1795–1858),
österreichischer Schriftsteller, Journalist und Satiriker.

HELGA SCHÄFERLING,
Sozialpädagogin und Autorin.

RAMÓN SELIGER,
evangelischer Pfarrer in Weimar.

PETER SPANGENBERG (1934–2019),
evangelischer Pfarrer und Buchautor.

RABINDRANATH TAGORE (1861–1941),
indischer Philosoph, Dichter, Maler, Komponist, Musiker und Brahmo-Samaj-Anhänger.

NACHWEIS DER ABDRUCKRECHTE

MASCHA KALÉKO:
Wenn man nachts nicht schlafen kann, aus: Mascha Kaléko: Das lyrische Stenogrammheft, München, 2. Auflage 2016, mit freundlicher Genehmigung von dtv Verlagsgesellschaft mbH & Co. KG

Nachts II, aus: Mascha Kaléko: In meinen Träumen läutet es Sturm, hrsg. von Gisela Zoch-Westphal, München 2018, mit freundlicher Genehmigung von dtv Verlagsgesellschaft mbH & Co. KG

MATTHIAS LEMME:
Die Sterne tanzen am Himmel Ballett, aus: Brot und Liebe. Wie man Gott nach Hause holt. edition chrismon in der Evangelischen Verlagsanstalt GmbH, Leipzig 2022

SUSANNE NIEMEYER:
Der Engel, der umwirft und *Der Engel, der es mit Ungeheuern aufnimmt*, aus: Susanne Niemeyer: Fliegen lernen. Engelsgeschichten aus der Bibel, edition chrismon, Leipzig 2018

INGRID NOLL:
Nasentropfen, aus: Ingrid Noll Falsche Zungen, Copyright © 2004, 2005 Diogenes Verlag AG Zürich

SELIM ÖZDOĞAN:
Noch Fragen (Auszug), aus: Selim Özdoğan. Trinkgeld vom Schicksal. Geschichten. Aufbau Taschenbuch 2003 © Aufbau Verlage GmbH & Co. KG, Berlin 2003, 2008

SERGE POLIAKOFF:
Stille ist nicht nur ..., Quelle: www.evangeliums.net

RAINER MARIA RILKE:
Zum Einschlafen zu sagen, aus: Rainer Maria Rilke: Buch der Bilder, Quelle: http://www.rilke.de

MORITZ GOTTLIEB SAPHIR:
Die Kunst einzuschlafen, oder: Die Kunst, sich selbst Langeweile zu machen, Quelle: https://ganzheitlichschlafen.wordpress.com/dichtung-und-schlaf/

PETER SPANGENBERG:
Psalm 139 sowie Psalm 177, entnommen aus: ders., Höre meine Stimme. Die 150 Psalmen der Bibel übertragen in die Sprache unserer Zeit, © Agentur des Rauhen Hauses Hamburg 2013

HELGA SCHÄFERLING:
Leih der Stille dein Ohr ..., Quelle: www.aphorismen.de

GERHARD SCHÖNE:
Engel der Stille und *Der Engel, der die Träume macht*: © BuschFunk Musikverlag GmbH

UNSER ABENDGEBET STEIGE AUF ZU DIR, HERR:
Evangelisches Gesangbuch (EG) 721

BIBELTEXTE:
Lutherbibel, revidiert 2017, © 2016 Deutsche Bibelgesellschaft, Stuttgart

BasisBibel, © 2021 Deutsche Bibelgesellschaft, Stuttgart

IMPRESSUM

Bibliografische Information der Deutschen Nationalbibliothek:
Die Deutsche Nationalbibliothek verzeichnet diese Publikation in der Deutschen Nationalbibliografie; detaillierte bibliografische Daten sind im Internet über http://dnb.d-nb.de abrufbar.

Printed in EU

Das Buch wurde auf alterungsbeständigem Papier gedruckt.

Illustrationen: Sandra Beer/kombinatrotweiss, Frankfurt am Main
Gestaltung: Anja Haß, Leipzig
Textredaktion: Annegret Grimm, Weimar
Bildredaktion: Lena Uphoff, Frankfurt am Main und Anja Haß, Leipzig
Druckerei: GRASPO CZ, a.s., Zlín

ISBN 978-3-96038-328-4
www.eva-leipzig.de

ISBN 978-3-438-06294-9
www.die-bibel.de